AF360325

PROSERPINE,

TRAGÉDIE LYRIQUE

EN TROIS ACTES.

*Représentée pour la première fois sur le théâtre de l'Opéra,
le mardi 8 germinal an 11.*

Prix 30 sous.

A PARIS,

DE L'IMPRIMERIE DE GUILLEMINET.

AN XI—1803.

Le Poëme est de QUINAULT, remis au théâtre avec des changemens, et réduit en trois actes, par M. GUILLARD.

La Musique est de M. PAISIELLO, Premier Maître de Chapelle et Compositeur, au service de Sa Majesté le ROI DE NAPLES; actuellement employé pour composer et diriger la musique particulière de la Chapelle du PREMIER CONSUL.

AVERTISSEMENT.

Le Poëme que j'offre au Public, l'un des plus beaux Opéra de Quinault, avait cinq actes. J'ai osé le réduire en trois, justifié en cela par l'opinion de plusieurs hommes de goût, qui ont toujours regardé les amours d'*Alphée* et *Aréthuse* comme étrangères à l'action principale. Cette suppression m'a obligé d'ajouter plusieurs vers, même plus d'une scène, et a rendu nécessaires quelques autres changemens.

Quoique l'épisode de la victoire de Jupiter sur les Titans ne se lie pas essentiellement au sujet, j'ai cru devoir le conserver, et comme le morceau le plus poétique de Quinault, et comme rappelant l'une des plus brillantes époques d'un siècle fameux, que tous les genres de gloire ont immortalisé. De vastes conquêtes, une paix glorieuse, étaient bien propres à inspirer Quinault; aujourd'hui qu'une forêt de lauriers a comblé l'abîme où la France entière allait s'engloutir avec le reste de l'Europe; aujourd'hui qu'un nouvel ordre social succède à une destruction universelle, les plus riches fictions de l'antique mythologie n'approchent pas du simple récit des faits modernes.

On croira aisément que j'ai eu soin de conserver le plus qu'il m'a été possible des vers de Quinault, et d'en ajouter le moins que j'ai pu des miens. Heureux, avec ces légers changemens et un travail très-réfléchi, d'avoir rapproché l'ouvrage d'un grand maître, et de l'état actuel de notre scène, et des progrès sensibles de l'art musical en France ! Heureux sur-tout d'avoir pu contribuer en quelque chose à cette union du premier auteur lyrique avec l'un des plus célèbres compositeurs de nos jours !

Nota. J'ai marqué de guillemets les vers qui sont de moi.

ACTEURS ET ACTRICES

CHANTANS DANS LES CHŒURS.

DIVINITÉS DES BOIS.

MM. Lecoq. Leroux. Cholet.
Leroy. Nocart. Leroy. 2me

NYMPHES, *compagnes de Proserpine.*

Mmes Jannard. Auguste. Beck.
La Combe. Lauveau. Mezières.
Himen j^e. Proche. Lovotte.

CHŒURS, *peuple de Sicile.*

MM.		Mmes
Moreau.	Chevrier.	Gambais.
L'Hoste.	Leroux j^e.	Mullot aînée.
Lecocq.	Duchamps	Dubois.
Devilliers.	Nocart.	Duchamp.
Deville.	Beaugrand.	Himen.
Leroy.	Leroy 3e.	Maker.
Gonthiés.	Cajani.	Mullot cadette.
Putheaux.	Cholet.	Aubry.
Varlet.	Gaubert.	Bozon.
Aubé.	Brielle.	Boyer.
Picard.	Leroy 2e.	Lefebvre.
Ferd. Adrien.	Gousse.	Lochon.
Nisi.	Ferrai.	Mantes.
Honebert.	Fasquel.	Florigny.
Leroux aîné.	Martin.	Delboy j^e.
		Chevrier.
		Valin.
		Charmoi.
		Beaumone.
		Lorenzetti.

ACTEURS CHANTANS.

PERSONNAGES.	ACTEURS.
JUPITER,	M. Bertin.
PLUTON,	M. Lays.
ASCALAPHE,	M. Laforêt.
TROIS JUGES.	M. Lefèvre. M. Martin. M. Picard.
TROIS FURIES.	M. Bonnet. M. Roland. M. Eloy.
UNE DIVINITÉ INFERNALE,	M. L'Hoste.
CÉRÈS,	Mlle Armand.
PROSERPINE,	Mme Branchu.
CYANÉ,	Mlle Chollet.
UNE NYMPHE,	Mlle Pelet.
UNE OMBRE HEUREUSE,	Mlle Jannard.

PERSONNAGES DANSANS.

ACTE PREMIER.

NYMPHES DE LA SUITE DE PROSERPINE.

Mlles DELISLE, LOUISE, BIGOTINI.

Mlles Gabriel, Boilery, Mareillés j^e, Mareillés aînée, Fanny, Florine, Rivière, Leverd, Jeannette, Eugénie, Delphine, Athalie, Podvin, Eulalie, Adélaïde, Pansard.

ACTE II.

DIEUX DES BOIS.

MM. Seuriot j^e, Beautin, Courtois, Victor, Baucé, Leblond, Galais, Leroi.

NYMPHES DES BOIS.

Mlle COULON.

Mlles Deslauriers, Seuriot, Telle, Reine, Moreau, Almain, Destaing, Proche.

OMBRES.

M. VESTRIS, Mlle CLOTILDE, Mme GARDEL, Mlle SAULNIER,

MM. BEAULIEU, BRANCHU.

Mmes VESTRIS, FÉLICITÉ.

MM. Delahaye, Biquier, Saron, Déjazot, Rivière, Verneuil, Guillot, Romain.

Mlles Gabriel, Boiluy, Mareillés j^e, Mareillés aînée, Podvin, Eulalie, Adélaïde, Pansard.

MM. Eve, Marette, Gogot, Elie, Léon, Henri aîné, Toussaint j^e,
   Liger.

Mlles Rivière, Leverd, Fanny, Florine, Jeannette, Eugénie,
   Delphine, Athalie.

MM. Petit, Cantagrel, Seuriot aîné, Bordet.

Mlles Deniavircel, Léon, Cornu, Lily.

SUITE DES OMBRES.

ENFANS.

MM. Boudet, Beauglin, Rosier, Toussaint j^e, Péqueux, Josse.

Mlles Agathe, Mélanie, Aimée, Rosière, Jucotot, George.

ACTE III.

DÉMONS.

MM. Seuriot j^e, Beautin, Courtois, Victor, Bemée, Leblond,
   Galais, Leroi.

BACCHUS, M. BRANCHU.

ARIANNE, Mlle SAULNIER.

SUITE.

MM. Deschamps, Cantagrel, L'Huillier, Bordet, Justin,
   Honoré, Seuriot, Chatillon.

Mlles Léon, Deniavirsel, Corun, Lily, Desjazet, Coulon 2e,
   Letellier, Saint-Léger.

ZÉPHIRE, M. DUPORT.

FLORE, Mlle COLLOMB.

SUITE.

MM. Eve, Marette, Gogot, Élie, Léon, Henri aîné, Toussaint j^e,
   Liger.

Mlles Rivière, Leverd, Florine, Jeannette, Eugénie, Delphine,
   Athalie.

PLAISIRS.

MM. BEAULIEU, ARMAND.

Mlles LOUISE, BIGOTINI.

MM. Delahaye, Biquier, Saron, Desjazet, Rivière, Verneuil, Guillot, Romain.

Mlles Gabriel, Boilay, Mareillés j^e, Mareillés aînée, Podvin, Eulalie, Adélaïde, Pansard.

PROSERPINE,
TRAGÉDIE.

ACTE PREMIER.

Le théâtre représente les jardins de Cérès.

SCÈNE PREMIÈRE.

PROSERPINE, NYMPHES ET DIVINITÉS DES BOIS
ET DES EAUX, HABITANS DE LA SICILE.

LE CHŒUR.

Goutons, dans ces aimables lieux,
Les douceurs d'une paix charmante :
Les superbes géans, armés contre les dieux,
Ne nous donnent plus d'épouvante ;
Ils sont ensevelis sous la masse pesante
Des monts, qu'ils entassaient pour attaquer les cieux ;
Jupiter est victorieux,
Et tout cède à l'effort de sa main foudroyante.
Goûtons, dans ces aimables lieux,
Les douceurs d'une paix charmante.

(*On danse.*)

PROSERPINE.

Jupiter a vaincu les Titans pour jamais ;
Ce beau séjour brille de nouveaux charmes :
Tout y ressent le retour de la paix.
Ah ! que le repos a d'attraits
Après de mortelles alarmes !

(On danse.)

LE CHŒUR, *pendant la danse.*

Ce beau séjour brille de nouveaux charmes ;
Tout y ressent le retour de la paix :
Jupiter a vaincu les Titans pour jamais.

SCÈNE II.

LES MÊMES, CÉRÈS, CYANÉ.

UNE DES NYMPHES.

« Cérès, déesse bienfaisante !
« Venez-vous partager nos jeux ?

CÉRÈS.

« Non, je viens les troubler par de tristes adieux :
« Je m'éloigne à regret d'un si touchant asile ;
« Mais je me dois à l'univers.
« Grace à mes soins, la féconde Sicile
De mes riches moissons voit tous ses champs couverts ;
Mais Cybèle se plaint que sa chère Phrygie
Ne se ressente pas de mes soins bienfaisans,

Et c'est Jupiter qui me prie
De lui porter mes utiles présens.

LE PEUPLE.

Eh! quoi? vous nous ôtez votre douce présence!
Ces lieux vont perdre leurs attraits:
Cérès, favorable Cérès!
« Pourquoi vous dérober à la reconnaissance
« Que nous inspirent vos bienfaits?
Cérès, favorable Cérès!
Écoutez nos tristes regrets.

PROSERPINE.

« Loin de vous, ô mère chérie!
« Proserpine doit-elle, hélas! gémir long-temps?

CÉRÈS.

« Ce jour, ce même jour va me rendre à vos larmes,
« Modérez ces regrets amers:
« Pour moi, comme pour vous, ces beaux lieux ont des charmes,
« Et votre amour me les rend chers.

LE PEUPLE.

« Vous nous rendez l'espérance.
« Cérès, favorable Cérès!
« Le terme de votre absence
« Sera celui de nos regrets.

CÉRÈS.

« Vous, nymphes de ces bois, et vous, peuple fidèle,
« Je laisse auprès de vous Proserpine en ces lieux:
« C'est un dépôt bien cher, bien précieux,
« Je le confie à votre zèle.

LES NYMPHES ET LE PEUPLE.

« Fiez-vous à nos soins ; nous vous répondons d'elle.

PROSERPINE.

« Je vois avec douleur que vous quittez ces lieux :
« Ma mère, à notre amour hâtez-vous de vous rendre.
« Des larmes, malgré moi, s'échappent de mes yeux,
« Et d'un trouble secret j'ai peine à me défendre.

LES NYMPHES ET LE PEUPLE.

« Ah ! revenez bientôt embellir ces climats.

CÉRÈS.

« Je sens que je quitte avec peine
« Ces lieux, pour moi si pleins d'appas :
« Loin d'eux quand le destin m'entraîne,
« Votre amour y retient mes pas ;
« Quoique sûre qu'il me ramène
« Aujourd'hui même entre vos bras,
« Je sens que je quitte avec peine
« Ces lieux, pour moi si pleins d'appas.

(Elle monte sur son char et s'éloigne.)

LE CHŒUR.

« Vous nous rendez l'espérance,
« Cérès, favorable Cérès !
« Le terme de votre absence
« Sera celui de nos regrets.

*(Le peuple s'éloigne d'un côté. Proserpine et les
Nymphes rentrent dans le palais. Pluton entre sur
la scène du côté opposé.)*

SCÈNE III.

PLUTON, ASCALAPHE.

PLUTON.

Ascalaphe, suis-moi ; j'ai besoin de ton zèle.

ASCALAPHE.

« Vous, Pluton, en ces lieux !
« Quoi ! le roi des enfers voit la clarté des cieux ?

PLUTON.

« Un motif important m'appelle.
La terre, par ses tremblemens,
Vient d'ébranler les fondemens
De nos demeures sombres.
J'ai voulu voir si la clarté des cieux
Ne s'ouvrait point de passage en ces lieux
Pour venir aux enfers effaroucher les ombres.
Jupiter triomphant raffermit mes États ;
« Mais, ami, que je crains, hélas !
« D'acheter cher cette victoire !

ASCALAPHE.

« Vous !

PLUTON.

Ah ! connais le pouvoir de l'amour ;
« Un moment, un regard m'ont vaincu sans retour.
« J'ai peine moi-même à le croire.
J'ai trouvé Proserpine, en visitant ces lieux :

Les pleurs coulaient de ses beaux yeux :
Elle fuyait, interdite et tremblante,
Pour implorer l'assistance des Dieux.
Sa douleur et son épouvante
Rendaient encor sa beauté plus touchante ;
Les accens plaintifs de sa voix
Ont ému mon cœur inflexible :
Qu'un cœur fier est troublé, quand il devient sensible
Pour la première fois !

ASCALAPHE.

« Pourquoi rougir de la chaîne
« Qui vous retient e nces lieux ?
« Au penchant qui vous entraîne
« J'ai vu céder tous les Dieux.
« Loin de bannir de votre ame
« L'amour qui vous a charmé,
« Du beau feu qui vous enflamme
« Embrasez l'objet aimé.

PLUTON.

« J'éprouve enfin combien est redoutable
Le Dieu dont tant de fois je méprisai les feux :
Je l'ai vu, ce Dieu dangereux,
« Il a lancé sur moi son trait inévitable.

« O toi, l'objet de mes vœux les plus chers,
« A mon amour que ton amour réponde !
« Pluton n'enviera plus, trop heureux dans tes fers,
« Ni l'empire du ciel, ni l'empire de l'onde.

TRAGÉDIE.

« A l'amour, à sa douce loi,
« Que ton cœur ému s'abandonne !
« On a la plus belle couronne
« Quand on la partage avec toi.

(à Ascalaphe.)

« Cher ami, redouble de zèle,
« Sers les vœux du plus tendre amant.

ASCALAPHE.

« Sa mère n'est plus auprès d'elle,
« Vous pourriez la voir un moment.

ENSEMBLE.

PLUTON.

« Amour, fier tyran de mon ame,
« Remplis mes plus ardens souhaits :
« Que Proserpine m'aime et réponde à ma flamme !
« Je bénirai tes coups comme autant de bienfaits.

ASCALAPHE.

« Amour, qui maîtrises son ame,
« Remplis ses plus ardens souhaits :
« Que Proserpine l'aime et réponde à sa flamme !
« Nous bénirons tes coups comme autant de bienfaits.

SCÈNE IV.

PLUTON, ASCALAPHE, PROSERPINE, CYANÉ, TROUPE DE NYMPHES *de la suite de Proserpine, chantantes et dansantes.*

PROSERPINE et LES NYMPHES, *sans être vues.*

Les beaux jours et la paix
Sont revenus ensemble :
Dans ces lieux pleins d'attraits
Le plaisir nous rassemble.

PLUTON, *à Ascalaphe.*

La troupe des nymphes s'assemble,
Retirons-nous dans ces bosquets.
(*Pluton et Ascalaphe se retirent. Proserpine et les
Nymphes s'avancent en dansant et en chantant.*)

PROSERPINE.

Belles fleurs, charmant ombrage,
Il ne faut aimer que vous:
On ne trouve rien de doux
Quand on est dans l'esclavage;
Les amans n'ont en partage
Que langueurs, que soins jaloux.

LES NYMPHES.

Belles fleurs, charmant ombrage, etc.
(*On danse.*)

PROSERPINE.

Quand un cœur est trop sensible,
Rien ne peut le rendre heureux :
On n'a point de bien paisible
Dans les plus aimables nœuds.
C'est toujours un mal terrible
Que l'ardeur des plus beaux feux.

LES NYMPHES.

Belles fleurs, charmant ombrage, etc.
(*On danse.*)

PROSERPINE.

«Cérès nous a promis de hâter son retour;
«Elle va ranimer nos jeux par sa présence :

«Quels que soient les attraits de ce brillant séjour,
  «Ne trouvez-vous pas qu'un seul jour
  «Paraît bien long dans son absence?

  «Le ciel la rend à nos desirs,
  «Bientôt nous la verrons paraître,
  «Et l'alégresse et les plaisirs
  «A sa présence vont renaître.
  Pour la recevoir en ces lieux,
Préparons-lui des guirlandes nouvelles.
Séparons-nous, voyons qui sait le mieux
  Assortir les fleurs les plus belles.

(Les Nymphes s'écartent, Proserpine et Cyané
cueillent des fleurs.)

SCÈNE V.

PROSERPINE, CYANÉ, PLUTON, Troupe de
Divinités des Enfers.

PLUTON.

«Dieux infernaux, accourez sur mes pas!

(Une troupe de divinités infernales sort de la terre,
et le char de Pluton paraît en même temps.)

PROSERPINE.

Ciel! prenez ma défense!

CYANÉ.

Ciel! protége l'innocence!

2

PLUTON et ASCALAPHE.

«Ne craignez point, beauté chérie,
«Un dieu charmé de vos appas.

PROSERPINE, *à Cyané.*

«Veille sur moi, ma tendre amie,
«Hélas ! ne m'abandonne pas.

CYANÉ, *à Pluton.*

«Ah ! vous m'arracherez la vie,
«Avant de l'ôter de mes bras.

PLUTON, *à Cyané.*

«Nymphe, redoute ma vengeance.

CYANÉ.

«Non, je dois prendre sa défense.

PLUTON.

Sous peine de perdre la voix,
Garde-toi de parler de tout ce que tu vois !
(Il veut saisir Proserpine.)

PROSERPINE.

«Voyez mon désespoir extrême,
«Ayez pitié de ma douleur.

CYANÉ.

«Voyez son désespoir extrême,
«Ayez pitié de sa douleur.

PLUTON.

«Cédez à l'amant qui vous aime,
«Laissez attendrir votre cœur.

ASCALAPHE.

« A la voix d'un Dieu qui vous aime ,
« Laissez attendrir votre cœur.

(*Pluton place Proserpine sur son char. Cyané cherche à la retenir, et l'écharpe de la déesse reste entre ses mains.*)

ENSEMBLE.

PROSERPINE.

« Ciel ! daigne prendre ma défense !

CYANÉ.

« O ciel ! protége l'innocence !

PLUTON et ASCALAPHE.

« Amour, remplis $\genfrac{}{}{0pt}{}{\text{mon}}{\text{son}}$ espérance.

(*Pluton, Ascalaphe et les Divinités infernales descendent aux enfers avec Proserpine. Cyané fuit dans le plus grand désespoir.*)

CHŒUR SOUTERRAIN DES DIVINITÉS INFERNALES.

Proserpine, ne craignez pas
Un dieu charmé de vos appas.

FIN DU PREMIER ACTE.

ACTE II.

*Le théâtre représente le mont Etna vomissant
des flammes, et les lieux d'alentour.*

SCÈNE PREMIÈRE.

LES NYMPHES DE CÉRÈS.

Proserpine ! répondez-nous :
Hélas ! en quels lieux êtes-vous ?
O disgrace cruelle !
L'écho fidèle,
Au fond des bois,
Répond à notre voix.
Proserpine ! ah ! faut-il qu'en vain on vous appelle ?
O disgrace cruelle !
Hélas ! en quels lieux êtes-vous ?

(Un trait de symphonie annonce l'arrivée de Cérès.)

TOUTES ENSEMBLE.

Cérès revient... ah ! quelle peine !
Cachons-nous à ses yeux.
Sa fille n'est plus dans ces lieux,
Son espérance est vaine.
Que lui pourrons-nous dire ! ô dieux !

Cérès revient… ah! quelle peine!
Cachons-nous à ses yeux.
(Elles s'éloignent.)

SCÈNE II.

CÉRÈS, *seule.*

Je vais revoir ma fille ; elle est dans ces campagnes ;
Je viens d'y voir les nymphes ses compagnes.
Heureuse des dons que j'ai faits,
Je vais goûter près d'elle un sort rempli d'attraits.
Les nymphes de ces lieux semblent fuir ma présence.
Proserpine ! ma fille !… ah ! quel triste silence !
Est-ce ainsi qu'on devait, dans cet heureux séjour,
Se réjouir de mon retour ?
Venez, nymphes, venez, que ma fille s'avance :
Venez, dieux des bois, venez tous.

SCÈNE III.

CÉRÈS, TROUPES DE NYMPHES ET DE DIEUX DES BOIS.

CÉRÈS.

Ma fille n'est pas avec vous !
Quoi donc ! est-ce le soin que vous en deviez prendre ?
Rendez-moi Proserpine…. au lieu de me la rendre,
Vous m'offrez seulement des soupirs et des pleurs !

LE CHŒUR.

O Cérès ! ô mère trop tendre !
Ah ! quelles seront vos douleurs !

CÉRÈS.

Ciel ! on m'ôte ma fille ! et qui l'ose entreprendre ?

LES NYMPHES.

Nous n'avons pu l'apprendre ,
Et l'on a pris le temps que nous cueillions des fleurs.

CÉRÈS.

J'ai cru qu'un doux repos devait ici m'attendre ,
Et je n'y trouve , hélas ! que de cruels malheurs.

LE CHŒUR.

O Cérès ! ô mère trop tendre !
Ah ! quelles seront vos douleurs !

SCÈNE IV.

LES PRÉCÉDENS, CYANÉ, *arrivant avec précipitation.*

CYANÉ.

JE ressens vos ennuis, et j'en suis trop atteinte.
Quoi qu'il puisse arriver, vous allez tout savoir.
Il faut que mon devoir
L'emporte sur la crainte.

CÉRÈS.

Parle, ma chère Cyané,
Soulage un cœur infortuné.

CYANÉ.

J'ai suivi Proserpine, et prenant sa défense....
Hélas ! tous mes efforts pour elle ont été vains,
   Son voile est resté dans mes mains.

CÉRÈS , *prenant l'écharpe.*

Ce cher et triste objet presse encor ma vengeance.
Hâte-toi de nommer l'ennemi qui m'offense.

CYANÉ.

C'est, c'est......

CÉRÈS.

   Achève.

CYANÉ.

   C'est......

CÉRÈS et LE CHŒUR.

   « Elle reste sans voix !
« Quel Dieu de tant de coups nous accable à la fois.

CÉRÈS.

O malheureuse mère !

LE CHŒUR.

O trop malheureuse Cérès !

CÉRÈS.

Les Dieux n'ont pu souffrir qu'une nymphe sincère
   M'ait découvert mes enemis secrets.
Je ne saurai donc pas sur qui lancer les traits
   De ma juste colère ;
   On me ravit une fille si chère :
Jupiter dans les cieux, sourd à mes vains regrets,

Ne songe plus qu'il est son père.
O malheureuse mère !

LE CHŒUR.

O trop malheureuse Cérès !

CÉRÈS.

Ah ! quelle injustice cruelle !
O Dieux ! pourquoi m'arrachez-vous
Un bien que je trouvais si doux ?
De cette audace criminelle
Est-ce Apollon ou Mars que je dois soupçonner ?
Leurs mères, en fureur, n'ont pu me pardonner
D'avoir une fille si belle.
Ah ! quelle injustice cruelle !
O dieux ! pourquoi m'arrachez-vous
Un bien que je trouvais si doux ?

Par mes soins, les champs de Cybèle
De fruits et de moissons viennent d'être couverts ;
Et, quand de tant de biens j'ai comblé l'univers,
Les Dieux percent mon cœur d'une douleur mortelle.
Ah ! quelle injustice cruelle !
O Dieux ! pourquoi m'arrachez-vous
Un bien que je trouvais si doux ?

Après un si sensible outrage
Mon cœur désespéré s'abandonne à la rage.
Du monde trop heureux je veux troubler la paix ;
Brûlons, ravageons tout , détruisons mes bienfaits.

SCÈNE V.

LES MÊMES, PEUPLES DE SICILE.

*(Les suivans de Cérès rompent les arbres, en prennent
les branches dont ils font des flambeaux qu'ils allument
aux feux qui sortent du mont Etna. Ils brûlent les blés
malgré les cris des nymphes, des dieux champêtres
et des peuples.)*

CÉRÈS, *tenant deux flambeaux allumés.*

Que tout se ressente
De la fureur que je sens!

PEUPLES DE SICILE.

Quel crime avons-nous fait? divinité puissante!
Écoutez les clameurs des peuples gémissans!

CÉRÈS.

J'ai fait du bien à tous; ma fille est innocente,
Et pour toucher les Dieux nos vœux sont impuissans.
J'entendrai sans pitié les cris des innocens.

PEUPLES DE SICILE.

Ah ! quelle épouvantable flamme !
Ah! quel ravage affreux!

CÉRÈS.

Portons par-tout l'horreur qui règne dans mon ame.
Portons par-tout d'horribles feux.

PEUPLES DE SICILE.

Ah! quelle épouvantable flamme!
Ah! quel ravage affreux!

CÉRÈS.

« Vous, les témoins de ma douleur extrême,
« Peuples, nymphes, sylvains, parcourons l'univers:
« J'irai par-tout, fût-ce même aux enfers,
« Jusqu'au plus haut des cieux, au plus profond des mers;
« Malheur au ravisseur! fût-ce Jupiter même.

SCÈNE VI.

Le théâtre change et représente les Champs Élysées.

PROSERPINE et LES OMBRES HEUREUSES.

CHŒUR DES OMBRES.

C'EST assez de regrets,
C'est verser trop de larmes:
Goûtez les attraits
D'un sort plein de charmes.

PROSERPINE.

Beaux lieux que j'habitai, que vous aviez d'attraits!
Faut-il vous perdre pour jamais?
Hélas! que mon ame est atteinte
De douleur, de trouble et de crainte!

UNE OMBRE.

Pluton n'est point un dieu sujet au changement;
Il vous offre son cœur avec son diadême.

PROSERPINE.

Que n'est-il satisfait de sa grandeur suprême?
J'étais heureuse sans amant,
Mon cœur se contentait de régner sur lui-même.

SCÈNE VII.

LES MÊMES, PLUTON, SA SUITE.

PLUTON.

Regrettez moins la lumière des cieux :
Des astres faits pour nous éclairent ces beaux lieux ;
Jamais un verdoyant feuillage
Ne cesse de parer les arbres de nos bois ;
Sans cesse dans nos champs nous trouvons à la fois
Des fleurs, des fruits et de l'ombrage ;
Et l'horrible temps des frimas
Est la seule saison que l'on n'y connaît pas.

PROSERPINE.

Mon triste cœur ne peut connaître
Tous ces biens, ces plaisirs qu'on voit ici paraître.
Hélas ! ces lieux si beaux, où je frémis d'effroi,
Sont toujours les enfers pour moi.

PLUTON.

Je suis roi des enfers, Neptune est roi de l'onde ;
Nous regardons avec des yeux jaloux
Jupiter, plus heureux que nous :
Son sceptre est le premier des trois sceptres du monde ;
«Mais, si je vous inspire un sentiment plus doux,
« Je serai plus content de régner avec vous,
Au milieu des enfers, dans une paix profonde,
Que Jupiter, le plus heureux des Dieux,
N'est content d'être roi de la terre et des cieux.

« Ces lieux , où le sort nous enchaîne ,
« Ont pu vous causer quelque effroi ;
« Mais vous en êtes souveraine ,
« Mais vous y régnez plus que moi.
« Bannissez d'injustes alarmes ,
« Tout ici préviendra vos goûts :
« Quel séjour peut manquer de charmes
« Quand il est embelli par vous ?

PROSERPINE.

Que deviendra Cérès à qui je suis si chère !
Quelle surprise , hélas ! quelle douleur amère !

PLUTON.

« Je ne crains point les refus de Cérès ;
« Cérès s'honorerait du choix que j'ai su faire.
« Ah ! je veux borner mes souhaits
« A vous rendre heureuse , à vous plaire.

PROSERPINE.

Rendez-moi donc le bien qui m'était destiné.

PLUTON.

Accusez-donc l'amour que vous m'avez donné.

PROSERPINE.

D'un insensible cœur que pouvez-vous attendre ?

PLUTON.

Je saurais le fléchir si vous vouliez m'entendre.

ENSEMBLE.

PROSERPINE.	PLUTON.
O contrainte cruelle!	O funeste rigueur!

Ainsi rien ne saurait émouvoir / attendrir votre cœur.

PROSERPINE.

Voulez-vous me causer d'éternelles alarmes?

PLUTON.

Voulez-vous à jamais combattre mes desirs?

PROSERPINE.

Laissez-moi suivre en paix mes innocens plaisirs.

PLUTON.

Laissez-moi la douceur de voir toujours vos charmes.

PROSERPINE.

Voyez couler mes larmes.

PLUTON.

Écoutez mes soupirs.

ENSEMBLE.

PLUTON.	PROSERPINE.
Mon amour fidèle	Ma douleur mortelle
Ne touche point votre cœur!	Ne touche point votre cœur!
Ah! quelle rigueur!	Ah! quelle rigueur!

PLUTON.

N'importe : fussiez-vous cent fois plus inhumaine,
Mon amour entreprend de vaincre votre haine.

SCÈNE VIII.

LES MÊMES, OMBRES HEUREUSES, DIEUX
INFERNAUX.

PLUTON, *à quelqu'un de sa suite.*

Fais suspendre aux enfers les tourmens éternels
Des plus criminels ;
Que tout y soit exempt de peine.

Vous, qu'un heureux repos suit après le trépas,
Et vous, Dieux mes sujets, venez, hâtez vos pas.
(*Ici les Ombres et les Dieux infernaux remplissent la
scène.*)

PLUTON.

Rendez hommage à votre reine,
Admirez ses divins appas.
     (*On danse.*)

LE CHŒUR.

Régnez, aimable souveraine,
Régnez à jamais ici-bas.

(*La danse est interrompue par le Chœur souterrain
qui suit.*)

CHŒUR DES OMBRES COUPABLES, *qu'on ne voit pas.*

« Plus de supplice !
« Quel doux repos !
« Quel dieu propice
« Suspend nos maux ?

PROSERPINE.

« Qu'entends-je ? quels accens !

PLUTON.

J'ai cru remplir vos vœux ;
« Il n'est plus aux enfers une ombre qui gémisse ;
« Dès que vous y régnez , tout y doit être heureux.

PROSERPINE.

« Ah ! je me sens toucher de ces soins généreux.

« Quel nouvel espoir vient me luire !
« Quoi ! j'ai pu sécher tant de pleurs !
« Oui, je chérirais cet empire
« Si j'en écartais les douleurs :
« Mais ma mère, ma tendre mère !
« Ah ! loin de vous, quel lieu pourrait me plaire ?
« Si cependant.... répondez-moi....
« Mon cœur, plein de trouble et d'effroi,
« Ne sait s'il craint, ou s'il espère.

LE CHŒUR.

Triomphez dans ces lieux :
C'est pour vous que soupire
L'un des plus grands des dieux.
Possédez son empire ;
Tout cède au pouvoir de vos yeux.

*(Pluton place Proserpine sur un trône ; tous les dieux
des enfers lui rendent hommage.)*

(On danse.)

PROSERPINE,

UN CORYPHÉE.

Sous ces ombrages verts
Tout rit, tout chante :
On vous doit, beauté charmante,
La douceur de nos concerts.

(*On danse.*)

(*Un grand bruit de tonnerre interrompt la fête ; un dieu infernal arrive précipitamment.*)

LE DIEU INFERNAL, *à Pluton.*

« On annonce dans ton empire
« Un messager de Jupiter.

PLUTON.

« Sachons ce qui l'attire.
« Jupiter à mes droits voudrait-il attenter ?

TOUS LES DIEUX INFERNAUX, *tumultuairement.*

« Sachons, sachons ce qui l'attire :
« Jupiter à nos droits ose-t-il attenter ?

(*Tous sortent, et Pluton donne la main à Proserpine.*)

FIN DU SECOND ACTE.

ACTE III.

Le théâtre représente le palais de Pluton.

SCÈNE PREMIÈRE.

PLUTON, LES TROIS JUGES DES ENFERS, LES TROIS
FURIES, TROUPE DE DIVINITÉS INFERNALES.

PLUTON.

Vous qui reconnaissez ma suprême puissance,
Donnez-moi des conseils, donnez-moi des secours.
  L'orgueilleux Jupiter m'offense ;
Il veut rompre aujourd'hui l'heureuse intelligence
Que nous avions juré de conserver toujours.
Les dieux ont aimé tous ; et le dieu du ciel même
  S'est laissé cent fois enflammer.
  C'est la première fois que j'aime;
Et l'on veut me ravir à qui m'a su charmer.
  C'est votre reine qu'on demande;
  Jupiter veut que je la rende,
Et Mercure prétend l'enlever d'ici-bas :
Pouvons-nous endurer que l'on nous la ravisse?

LE CHŒUR.

Non, non, c'est une injustice
Que nous ne souffrirons pas.

4

PLUTON.

Et par quel droit faut-il que Jupiter s'obstine
A troubler le bonheur que l'amour me destine?
Mon pouvoir n'est-il pas indépendant du sien?

LES TROIS JUGES ET LE CHŒUR.

Gardons Proserpine,
Les enfers ne rendent rien.

MINOS.

Proserpine a goûté des fruits de votre empire;
Elle est à vous, on ne peut vous l'ôter :
Aux arrêts du destin les dieux doivent souscrire;
C'est vainement qu'on y veut résister.

PLUTON.

Que le ciel menace, qu'il tonne!
Il faut que rien ne nous étonne :
Nous avons pour nous, en ce jour,
Le destin et l'amour.

LES TROIS FURIES.

Plutôt que de souffrir l'injure
Que le ciel veut faire aux enfers,
Renversons toute la nature;
Périsse l'univers!

LE CHŒUR.

Renversons toute la nature;
Périsse l'univers!

SCÈNE II.

(Le théâtre change et représente une solitude.)

CÉRÈS, *seule.*

« De l'aurore au couchant j'ai parcouru le monde ;
« J'ai demandé ma fille aux monts, aux bois, aux mers,
« A la terre, au ciel même....... En ce vaste univers
     « Pas une voix qui me réponde.
     « En vain par-tout de mes fureurs
     « J'ai laissé des traces terribles ;
« J'ai rempli vainement de mes justes douleurs
« Les plus sauvages lieux, les cavernes horribles.
« J'appelle Proserpine.... A mes cris, à mes pleurs,
« Tous les humains sont sourds, tous les dieux insensibles.
     Déserts écartés, sombres lieux,
     Cachez mes soupirs et mes larmes :
     Mon désespoir a trop de charmes
     Pour les impitoyables dieux.
     Déserts écartés, sombres lieux,
     Cachez mes soupirs et mes larmes.
Les dieux étaient jaloux de mon sort glorieux :
     C'est un doux spectacle à leurs yeux,
     Que les malheurs dont je suis poursuivie.
Ils se font un plaisir de mes cris furieux :
Jupiter m'a livrée à leur barbare envie ;
Jupiter me trahit ; ma fille m'est ravie ;
     Je perds ce que j'aimais le mieux.

Infortunée, hélas ! le jour m'est odieux ,
Et je suis pour jamais condamnée à la vie.
Ah ! je ne puis souffrir la lumière des cieux.

SCÈNE III.

CÉRÈS, VOIX INFERNALES.

VOIX INFERNALES.

Renversons toute la nature ;
Périsse l'univers !

CÉRÈS.

Quels abymes se sont ouverts !
Qu'entends-je ? quel affreux murmure !
Le ciel n'est point touché des maux que j'ai soufferts ,
L'enfer prendrait-il part aux peines que j'endure ?

VOIX INFERNALES.

Renversons toute la nature ;
Périsse l'univers !

CÉRÈS.

Périsse l'univers !

SCÈNE IV.

CÉRÈS, ASCALAPHE.

CÉRÈS.

Ne m'apprendrez-vous point où ma fille peut être ?

ASCALAPHE.

Votre ennemi secret veut se faire connaître ,

Enfin vous allez tout savoir :
De l'empire infernal le redoutable maître
Tient votre fille en son pouvoir.

CÉRÈS.

L'enfer retient ma fille ? ô ciel ! ô sort barbare !
L'éternelle nuit nous sépare !
Ma chère Proserpine ! ô regrets superflus !
Hélas ! je ne la verrai plus.
Dieux ! ma fille n'est point coupable ;
Pourquoi Pluton inexorable
Veut-il dans les enfers l'accabler de douleur ?

ASCALAPHE.

Jupiter la demande ; et l'enfer, plein d'alarmes,
Pour la garder a pris les armes.

CÉRÈS.

Jupiter n'est donc pas insensible aux regrets
De la malheureuse Cérès !
Obtenez, dieu puissant, que ma fille revienne !
Sans troubler votre paix, j'irais suivre ses pas,
Si je pouvais passer dans la nuit du trépas.
Ne souffrez pas que l'enfer la retienne :
Grand dieu ! c'est votre fille aussi bien que la mienne.
C'est votre fille, hélas !
Ne l'abandonnez pas !

SCÈNE V.

CÉRÈS, CHŒUR DANS LES MACHINES.

LE CHŒUR.

« Des plaintes de Cérès le ciel a retenti,
« Et tous les cœurs ont tressailli
« Aux longs gémissemens de cette tendre mère.

CÉRÈS.

Mais quel accent répond à ma douleur amère ?
O trop heureuse Cérès !
L'Olympe à mes maux s'intéresse.
De Jupiter, à ces traits,
Je reconnais la tendresse.

SCÈNE VI ET DERNIÈRE.

JUPITER, PLUTON, PROSERPINE, CÉRÈS, MERCURE, ASCALAPHE, TROUPES DE DIVINITÉS CÉLESTES, TERRESTRES ET INFERNALES.

JUPITER.

Cérès, que de vos pleurs le triste cours finisse ;
Qu'avec Pluton Proserpine s'unisse,
« Sans être toutefois ravie à votre amour !
Pour vous le destin s'intéresse :
Suivant sa mère et Pluton tour à tour,

Elle partagera son temps et sa tendresse
    Entre la nature et l'amour.

PROSERPINE, *se jetant dans les bras de sa mère.*

« Ah ! je bénis la voix d'un père,
« Puisqu'elle vous rend à mes vœux.

JUPITER, *à Pluton.*

« Le destin et l'amour d'un frère
« Couronnent aujourd'hui tes feux.

PLUTON, *à Cérès.*

« Confirmez une loi si chère,
« Que je vous doive son amour !

CÉRÈS, *à Pluton.*

« Soyez heureux, au moins sa mère
« Ne la perdra pas sans retour.

JUPITER.

« Que ce partage heureux resserre
    (à Cérès)   *(à Pluton)*
« Votre tendresse et votre amour !

CÉRÈS, *à Pluton.*

« Que ce partage heureux resserre
« Et ma tendresse et votre amour !

PLUTON.

« Que ce partage heureux resserre
« Votre tendresse et mon amour !

PROSERPINE.

« Que ce partage heureux resserre
« Votre tendresse et son amour !

ENSEMBLE.

JUPITER, *à Pluton.*

« Qu'enfin ton ame généreuse
« S'ouvre à des sentimens plus doux !

PLUTON, *à Cérès.*

« Oui, je veux, pour la rendre heureuse,
« Disputer d'amour avec vous.

CÉRÈS.

« En rendant Proserpine heureuse,
« Vous comblez notre espoir à tous.

PROSERPINE, *à Cérès et à Jupiter.*

« Ah ! ma félicité ne peut être douteuse,
« Quand c'est par votre choix qu'il devient mon époux.

CÉRÈS.

Ma fille !

PLUTON.

O jour heureux !

JUPITER.

Proserpine !

PROSERPINE.

Mon père !

ENSEMBLE.

Bénissons tous un si beau jour :
Que ce partage heureux resserre, etc.

JUPITER.

Célébrez tous un si beau jour.

LE CHŒUR.

Célébrons tous un si beau jour.

(*Divertissement général.*)

FIN DU TROISIÈME ET DERNIER ACTE.

www.ingramcontent.com/pod-product-compliance
Lightning Source LLC
LaVergne TN
LVHW020005180726
843503LV00008B/3805